REPONSE

DE

MONSIEVR HOOK

AVX CONSIDERATIONS

DE M. AVZOVT.

CONTENVE DANS VNE LETTRE
ECRITE A L'AVTEVR

DES PHILOSOPHICAL TRANSACTIONS,

ET QVELQVES LETTRES ECRITES DE
part & d'autre fur le fujet des grandes Lunetes.

Traduite d'Anglois.

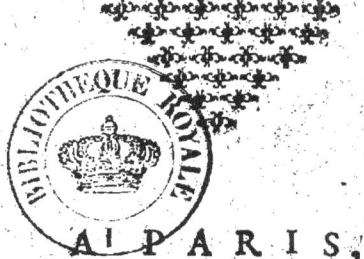

A PARIS,

Chez IEAN CVSSON, ruë Saint Iacques, à l'Image de
Saint Iean Baptifte.

M. DC. LXV.
Auec Priuilege du Roy.

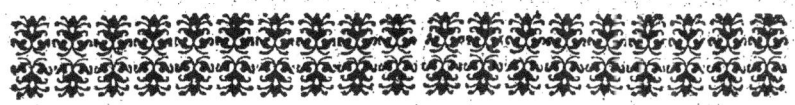

AV LECTEVR.

PLusieurs Curieux ayant apris que Monsieur Hook, qui nous a donné dans la Preface de son excellent Liure de la Micro-graphie, la description d'vn Tour, pour faire sans Formes des Lunetes de toutes sortes de longueurs, auoit fait vne Reponse aux difficultez que ie luy auois proposées, qui a esté publiée en Anglois dans les Philosophical Transactions du mois de Iuin, & que i'auois fait quelques Remarques sur sa Reponse, ausquelles il auoit encore répondu, ont souhaité que ie publiasse tous ces petits Dis-cours, afin qu'ils fussent instruits de l'auancement qui se fait dans vn sujet aussi vtile & aussi important comme est celuy des grandes Lu-netes. I'ay crû qu'il étoit à propos de mettre aussi par occasion quel-que chose de ce que le Signor Campani a écrit icy depuis que ie luy ay enuoyé ma Lettre imprimée, afin que l'on soit informé de tout ce qui s'est passé en cette rencontre.

Dans la premiere Lettre du 4. May, il excuse cette façon de parler, dont il s'estoit seruy *Adombrata e coperta*, par deux endroits des Sonnets de Petrarque, où *Adombrar* signifie seu-lement cacher ou couurir, quoy que ce qui cache, ne jette pas d'ombre; & il dit qu'il n'auoit pas entendu employer ce mot dans vn autre sens.

Il rapporte en suite les experiences qui ont été faites à Ro-me auec les yeux sans Lunetes, sur l'Ecriture Imprimée qu'il m'auoit enuoyée, pour voir si les yeux des Romains se rencon-treroient aussi lointains que ceux de ce païs-cy, dont voicy l'histoire. L'experience fut faite le 3. May, dans le Iardin des Peres François de la Trinité du Mont, en presence de Mes-sieurs Iean Dominique Cassin, & Augustin Pinciari, où se rencontrerent huiĉt ou neuf jeunes hommes de bonne vuë, & entr'autres deux desquels il y en auoit vn de 16. ou 17. ans qui surpassoit tous les autres. Les Ecritures furent luës au Soleil & à l'ombre, selon qu'on le trouuoit le plus auan-

A

eageux : & voicy les diſtances en palmes & onces, deſquelles furent luës les differentes lignes de l'Ecriture, que l'on
pourra confronter auec celles qui ſont dans mes Remarques, pag. 38.

Ligne.	la meilleure vuë		ceux d'apres		les autres.	
	pal.	onces.	palm.	onc.	pal.	onc.
1	18.	0	13	9	12	6
2	13	9	12	6		
3	11	6	9	11	6	6
4	10	1	6	8	5	6
5	9	6	6	5		
8	7	11	5	1		
13	3	7				

Enſuite dequoy le S. Campani ajoûte

*V. S. faccia il confronto con l'Eſperienza fatta parimente a i
occhi liberi in Parigi, e poi ne concluda che paragone poteſſe mai
farſi in queſta maniera de i Cannochiali Romani con i cannochiali
Parigini, ſe queſti o quelli non ſi mandaſſero a Roma, o a Parigi,
accioche gl'uni & gli altri poſſano inſieme eſſer guardati da i mede-
ſimi occhi, all'iſteſſo Oggetto, e ſotto un Ciel medeſimo. E ſe il veder
de gli occhi liberi in Roma ancorche gli occhi ſiano Parigini è tanto
differente dal vedere di Parigi, perche non vi ha da eſſere anche
l'iſteſſa diſparita del veder con gli occhi armati di Cannochiale?
io per me non ſo finora perſuadermi altrimenti. E pero mi pare che
hauerei certamente fatto gran torto à i Cannochiali Romani, ſe io gli
haueſſi ſottopoſti a proue ſi illegitime ed a paragoni tanto piu ſpro-
porzionati, quanto ſon piu diſpari le circonſtanze, che omninamente
tutte hanno da eſſere equali per farne giuſto ed eſatto paragone, à
fine poi di poterne dare retto giuditio ſenza pericolo di detrarne à
neſſuno.*

Cette perſuaſion que la meſme difference ſe rencontre
en ſe ſeruant de Lunetes, comme en ne s'en ſeruant point
(quoy que i'aye experience du contraire, à moins que cela
ne vienne de la veritable imbecilité de la vuë) eſt cauſe que

le S. Campani n'a pas voulu éprouuer fur ces mefmes Ecritures fa Lunete de 50. palmes, comme nous l'attendions icy
auec tant d'impatience, pour iuger ce que nous deuions
penfer de la bonté des nôtres, en comparaifon des fiennes:
& il nous remet au temps qu'il enuoyera la Lunete qu'il pro-
met de faire pour Monfeigneur le Cardinal Antoine, qu'il
dit qu'il n'a pû acheuer par le paffé, à caufe de diuers em-
pechemens qu'il a eus; fes amis ne luy ayant pas confeillé
d'enuoyer celle qu'il auoit, parce que la matiere n'en étoit
pas fort claire, ny fort belle.

Il reconnoit dans la feconde du douziéme May, que la
largeur de l'Ellipfe a efté deffinée dans fes premieres Figures, plus grande qu'il ne faloit; & dit qu'il s'en eft apper-
ceu auparauant que ie l'en euffe auerty, & il en attribuë
la faute au Graueur.

I'ay vne femblable excufe à demander pour ma Figure,
où le Graueur ayant fait l'Angle de l'ombre que fait Saturne fur fon Anneau trop aigu, quoy qu'il déut eftre
comme vne portion d'Ellipfe, & l'ayant entaillé trop auant,
il n'y a pas eu moyen de le faire effacer entierement, quoy
que ie le luy euffe fait corriger auffi-toft que ie l'eus veu.

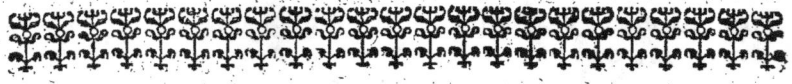

REPONSE DE MONSIEVR HOOK
aux Confiderations de M. Auzout, contenuë dans vne Lettre écrite à l'Auteur des Philofophical Tranfactions.

Traduite d'Anglois.

MONSIEVR,

En vous remerciant de tout mon cœur, de la faueur qu'il vous a plû me faire, en m'enuoyant vn Abregé de ce qui a efté remarqué par l'Ingenieux Monfieur Auzout, fur la defcription que i'ay faite d'vne Machine, pour faire des Lunetes Spheriques. Ie croy étre obligé, tant pour voftre fatisfaction que pour ma deffenfe, de vous renuoyer les penfées que i'ay prefentement fur fes Objections : La principale defquelles, femble étre contre la propofition mefme ; car il paroift que cét Autheur n'eft pas entierement fatisfait de ce que i'ay propofé vne chofe en Theorie, fans auoir auparauant éprouué fi elle étoit pratiquable. Mais premierement i'aurois à fouhaiter que cét excellent homme eût corrigé mes fautes par des épreuues, & non par de pures fpeculations. Secondement i'ay à luy répondre, que (quoy que ie n'en aye pas auerty le Lecteur, afin que ie le laiffaffe plus libre pour examiner & pour iuger de l'Inuention) ce que i'ay propofé n'a pas efté vne pure Theorie ; mais en quelque façon vne hiftoire ou vne matiere de fait : car i'auois fait plufieurs épreuues, autant que mon loifir me l'auoit permis, qui n'auoient pas manqué de bon fuccez ; mais n'ayant pas eu affez de temps ny de commodité pour les pourfuiure, i'auois crû que perfonne ne trouueroit à redire que ie leur fiffe part de la defcription d'vne

maniere qui étoit tout à fait nouuelle, & vraye Geomettrique-
ment, & qui apparamment n'étoit pas impraticable, dont
chacun se pourroit seruir ou non, selon qu'il le trouueroit
raisonnable.

Mais rien ne m'a tant surpris, comme de voir, qu'apres auoir
declaré que c'estoit vne faute d'écrire cette Theorie, sans l'a-
uoir reduite en pratique, il ait voulu l'attribuer à la Societé
Royale; comme il semble le faire en vn endroit de son Liure,
page 22. Certainement, Monsieur, ie m'estimerois fort iniu-
rieux à cette noble Compagnie, si ie n'auois tâché dés le
commencement de mon Liure d'empécher & de preuenir
vne semblable pensée. C'est pourquoy ie ne puis interpreter
autrement ce que M. Auzout a dit en cette rencontre; si ce
n'est que, où il n'a pas assez d'vsage de la langue dans laquelle
i'ay écrit, pour entendre tout ce que i'ay dit, ou qu'il n'a pas
lû mon Epistre dedicatoire à la Societé Royale; car s'il l'a-
uoit luë, il auroit vû combien i'ay pris soin que cette illustre
Societé ne pust souffrir aucun preiudice de mes erreurs; puis
qu'elle peut tirer si peu d'auantage de mes Ouurages. Car
si l'on vouloit considerer les matieres qui sont publiées par
leur ordre, ou par leur permission, comme si c'estoit leur sen-
timent & qu'elle leur donnast approbation, comme si elles
étoient certaines & vrayes : cela seroit fort éloigné de leurs
intentions, puisque en donnant cette liberté, ou encoura-
geant à publier ces sortes de choses, leur dessein est principalement, afin que les pensées ingenieuses, & l'importante matiere Phylosophique de fait, soient communiquées aux Sça-
uans, & à ceux qui se plaisent aux Experiences, pour exciter
par là les autres à les examiner, & à les perfectionner. Mais
pour retourner au suiet, ie ne trouue pas que ses Objections
qu'il fait sur cette matiere, soient plus contre ma maniere,
que contre toutes les autres manieres de faire des Lunetes,
& ce n'est rien dauantage que ce que i'ay consideré moy
mesme dans le passage du mesme article, & toutes les difficultez qu'il apporte contre les longues Lunetes sont de me-
me, & sont ordinairement connuës de tous ceux qui en tra-
uaillent.

Il sera aussi à propos (ce sont mes paroles) & de peu

de depenſe d'auoir quatre ou cinq Outils differens, vn par exemple, pour toutes les Lunetes depuis vn pouce iuſqu'à vn pié, vn autre pour les Lunetes depuis vn pié iuſqu'à dix piés, vn autre depuis dix iuſqu'à cent piés: & ſi la curioſité va iamais ſi loin, vn autre pour toutes les longueurs entre 1000. & 10000. piés, car le principe eſt tel, que ſuppoſant que les Mandrins ſoient bien faits, & d'vne bonne longueur, & que l'on prenne vn grand ſoin à trauailler & à polir les Verres, ie ne voy aucune raiſon, pourquoy on ne fera pas auſſi facilement vne Lunete de 1000. & de 10000. piés, comme vne de 10. car c'eſt la meſme raiſon, ſuppoſant que les Mandrins & les Outils ſoient aſſez forts, pour ne pas plier, & ſuppoſant auſſi que les Verres dont on les trauaillera, ſoient capables d'vne auſſi grande regularité dans leurs parties, comme leur refraction le demande.

Mais en ſecond lieu, ie peux dire que les Objections qu'il fait contre moy, ne ſemblent pas ſi conſiderables, comme peut-eſtre il ſe les imagine; car pour la poſſibilité d'auoir des plaques de verre aſſez épaiſſes, & aſſez larges ſans veines: Ie m'imagine que cela n'eſt pas preſentement fort difficile icy en Angleterre, où ie croy qu'il ſe fait d'auſſi bon Verre, & peut-eſtre beaucoup meilleur, pour les experiences d'Optique, qu'aucun que j'aye iamais vû venir de Veniſe.

Outre cela, quoy qu'il ſeroit à ſouhaitter que la partie la plus épaiſſe d'vne longue Lunete, ſe rencontraſt exactement au milieu, ie peux pourtant aſſurer M. Auzout qu'il s'en peut rencontrer de fort bonnes, quoy qu'elle en ſoit éloignée d'vn pouce ou deux, & i'en ay vne bonne preſentement de 36. piés, qui peut porter vne ouuerture d'enuiron trois pouces & demy, ſi on regarde la Lune ou Saturne dans le Crepuſcule: cependant le plus épais du Verre eſt beaucoup éloigné du milieu. Et ie prens la liberté de douter ſi iamais mon Cenſeur à vû de longues Lunetes, qui fuſt autrement, ſurquoy il peut auſſi-toſt ſe ſatisfaire par la maniere que ie luy montreray (s'il ne la ſçait pas) par laquelle la difference de l'épaiſſeur des côtez peut eſtre trouuée iuſqu'à la centiéme partie d'vne ligne.

Pour l'extréme exactitude de la Figure des longues Lunetes,

mais

perſonne n'en peut douter, mais c'eſt vne choſe où il eſt difficile d'arriuer de quelque maniere qu'on trauaille ; ie croy
qu'il eſt plus facile d'en venir à bout, par vne Machine qu'a-
uec la main & entre toutes les Machines, ie n'en conçois pas
de plus aiſées, ny de plus ſimples que celle d'vn Mandrin.
Et pour faire des Lunetes Spheriques, auec vne Machine,
ie me perſuade qu'il eſt difficile de trouuer vne autre maniere plus aiſée & plus exacte que celle que i'ay décrite, où il n'y
a point d'autre mouuement que celuy de deux Mandrins, qui
peuuent étre faits auec aſſez de force, de longueur, & d'exactitude, pour executer bien plus parfaitement ; ce que ie ne
croy pas ſe pouuoir faire autrement que par hazard auec la
main, ou auec vne force, qui ne ſera point accompagnée de
Machine, puiſque le mouuement & la force ſeront plus certains, & bien plus reguliers: Ie ſçay fort bien qu'en trauaillant auec la force de la main vne Lunete de 60. piés par la
voye ordinaire, il n'arriue pas qu'vn Verre de dix qu'on a
trauaillez, reüſſiſſe à étre bon, comme M. Riues me l'a aſſu-
ré, qui ſelon que ie puis me perſuader, eſt le premier qui en
a fait de bons de cette longueur.

Car la Figure de l'Outil eſt auſſi-toſt gâtée, par cette maniere en trauaillant les Lunetes, & ie gagerois bien que cela
ne doit iamais faire rien de conſiderable. Outre cela, la force
de la main que l'on y applique pour les trauailler, & pour les
polir eſt inégale, & les mouuemens qu'on fait ſont irregu-
liers ; mais dans la maniere qu'il m'eſt arriué de propoſer par
le moyen des Mandrins : il ſemble que tant plus le Verre &
l'Outil ſont trauaillez enſemble, tant plus ils deuiennent
exacts, & ſi toutes les choſes ſont bien ordonnées, comme
cela ſe peut faire, le poliſſement du Verre ſemble ſur tout
deuoir rectifier la Figure.

Pour ce qu'il objecte que l'Outil touche ſeulement le
Verre dans vn Cercle Mathematique, cela peut eſtre vray
au commencement : mais deuant que le Verre ſoit trauaillé
à ſa iuſte Figure le tranchant de l'Outil, doit étre vſé ou
mangé entierement, en ſorte qu'vn Anneau d'vn pouce de
large touchera par tout la ſurface Spherique du Verre.

Meſme s'il eſt neceſſaire, on peut, ſans beaucoup de peine,

B

particulierement en trauaillant les longs Verres, faire que
toute la furface concaue de l'Outil touchera le Verre. Outre
cela, en conferuant vne quantité du mefme fable & des
poudres de differente fineffe, à proportion que le Verre s'vfe : on peut faire la mefme chofe, comme auec le
mefme fable, qui deuient plus fin dans la maniere ordinaire,
à mefure qu'on trauaille.

Il n'y a aucune difficulté à donner l'inclinaifon aux Mandrins, quoy qu'il ne foit peut-eftre pas fi aifé de determiner
de quelle longueur la Lunete faite de cette façon fe tirera,
mais il n'eft pas queftion de fçauoir de quelle longueur fera
la Lunete, pourue qu'elle foit bonne, fi elle eft de 60. ou de
80. piés, &c.

Il n'eft pas non plus fort difficile de les mettre tous deux
dans vn mefme plan, & il eft encore plus aifé de les retenir
fermes, quand ils auront efté vne fois arreftez.

Pour le calcul de la proprieté d'vn Verre de mil piés, peut-
eftre que pour cette longueur particuliere ie n'auois pas, & ie
n'ay pas encore calculé que la conuexité d'vn Verre large de
18. pouces, n'eft pas plus grande que la feptiéme partie d'vne
ligne ; mais il ne s'enfuit pas de là que ie n'aye pas confideré
les difficultez qui peuuent fe rencontrer en les faifant. Car
ie peux vous dire que ie fçay le moyen de faire qu'vn Verre
conuexe plat, dont la conuexité ne fera que mediocre, fer-
uira pour vne Lunete de 150. & mefme de 300. piés, ou plus
longue ou plus courte, comme on voudra, fans changer en
rien du tout fa conuexité. Ainfi s'il veut de quelque maniere
qu'il puiffe le faire, me donner vn Verre conuexe plat de 20.
ou de 40. piés de Diametre fans veines, & bien trauaillé de
cette Figure-là, i'en feray auffi-toft vn Telefcope, lequel
auec vn feul Oculaire, tirera mil piés. Dont ie découuriray
bien-toft l'inuention, n'y ayant rien, à ce que ie croy, de
plus aifé, ny de plus certain, & fi on peut faire vn Verre
conuexe plat de toutes fortes de grandeurs, entre 20. & 40.
piés de Rayon, enforte que tant le côté conuexe que le plat
foient exactement polis, & d'vne bonne figure, ie montreray
dans peu, comment on peut faire auec cela vn Telefcope,
de quelle longueur on voudra, fuppofant que ce Verre n'ait

aucuñe forte de veines, ny aucune inegalité de refraction.

Pour ce qui eft du gliffement du Verre fur le ciment, ie ne voy aucune raifon pour cela, au moins auec le ciment, dont ie me fuis feruy, n'ayant iamais remarqué aucun femblable accident dans du ciment dur.

Touchant l'Anneau qui ne porte que fur vn côté du Verre en mefme-temps, ie ne voy pas comment cela peut caufer aucune inegalité, puifque tous les côtez du Verre ont fuc-ceffiuement la mefme preffion.

Son raifonnement touchant vn Verre de 300. piés eft le mefme que le precedent, fur la difficulté de trauailler vne Sur-face Spherique d'vne parfaite Figure, & l'on peut iuger s'il eft confiderable, tant en luy-mefme, qu'en la conclufion qu'il en tire (à fçauoir que nous ne deuons pas efperer des Lunetes de 300. ou 400. piés de long au plus, & que la ma-tiere ny l'Art ne peuuent pas aller fi loin) parce que ie viens de vous dire de l'inuention que i'ay de faire quelque Objectif que ce foit de quelle longueur on voudra.

Pour ce qu'il fouhaitte que ceux qui promettent de luy faire voir des Plantes ou des Animaux dans la Lune (quoy que ie ne connoiffe perfonne qui l'ait fait, encore qu'il y en puiffe auoir peut-eftre quelques-vns, qui nonobftant fes Objections, ne croyent pas que cela foit impoffible) euffent côfideré, ce qu'vn homme eft capable de voir auec fes yeux feuls à 60. lieuës loin. Ie ne fçaurois que fouhaitter à mon tour, qu'il euft con-fideré la difference qu'il y a, quand on regarde vne chofe en-tre l'air groffier & vaporeux, comme il eft prés de la Terre, & entre l'air, qui eft au deffus de nôtre tefte, qu'il trouuera par experience s'il obferue la Lune à l'Horifon, & proche le Zenith, auec vne Lunete; & quand il l'aura fait, il ne defef-perera peut-eftre pas tant en cette matiere.

Touchant fon aduertiffement à ceux qui publient des Theories, ie ne trouue pas qu'il s'en foit feruy luy-mefme en fon propre fait; car dans fa Theorie, touchant les Ouuertu-res, il femble eftre fort affirmatif, ne doutant nullement d'af-furer que les Ouuertures doiuent eftre telles & telles dans les grandes Lunetes; parce qu'il les a trouuées de telle & telle façon dans quelques petites.

Ie le remercie des avis qu'il me donne pour coriger quelque
inconueniens qu'il croit se rencontrer dans ma maniere; mais
pour le premier, ie croy que la matiere peut estre auſſi bien
contenuë dans vn Outil concaue que ſur vn Verre conuexe.
Et pour ce qui eſt des deux poupées, ie ne l'entends pas bien
s'il differe de moy, & le preſſement de l'Outil ſur le Verre
auec vn reſſort ou auec vn poids, doit ôter toute la iuſteſſe,
puiſque ſi l'vn ou l'autre des Mandrins peut ceder facilement
au contraire, la iuſteſſe du tout ſera ôtée; car pour le tremble-
ment, & le ieu du Mandrin, ie ne le comprens point du tout.

Quoy qu'il ſemble qu'il eſtime ſa Theorie des Ouuertures
tres-bien fondée, cependant elle ne me ſemble pas trop claire, car le meſme Verre peut ſouffrir vne plus grande ou vne
moindre ouuerture, ſelon la moindre ou la plus grande lumiere de l'Objet, ſi c'eſt pour regarder le Soleil, ou Venus,
ou pour voir les Diametres des Etoiles fixes, alors les petites ouuertures ſont neceſſaires; mais ſi c'eſt pour la Lune
pendant le iour, ou pour Saturne, ou Iupiter, ou Mars,
alors les plus grandes font mieux. Ainſi ie me ſuis ſou-
uent ſeruy d'vn Verre de douze piés pour voir Saturne,
auec vne ouuerture de prés de trois pouces, & auec vn
ſeul Oculaire de 2. pouces, conuexe des deux côtez; mais
quand ie regardois le Soleil, ou Venus auec la meſme Lunete, ie donnois vne plus petite ouuerture, & ie la forçois
moins; & quoy qu'il ſemble que M. Auzout trouue à redire
à la Lunete d'Angleterre de 36. piés, qui n'a d'ouuerture
que 2. pouces 9. lig. de France, comme auſſi à celle de 60. piés,
qui n'a d'ouuerture que 3. pouces, ie ne trouue pas qu'il ait
vû des Verres de ces longueurs qui puiſſent porter de plus
grandes ouuertures; & il n'eſt pas impoſſible que ſa Theorie
des ouuertures puiſſe manquer dans les grandes Lunetes,

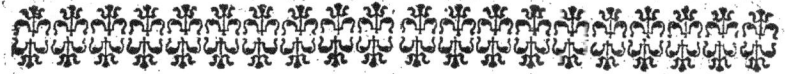

LETTRE A MONSIEVR OLDEMBOVRG,
Secretaire de la Societé Royale d'Angleterre, sur la precedente Réponse de Monsieur Hook.

MONSIEVR,

Ie suis tres- obligé à toute vôtre illustre Societé Royale, & à vous en particulier, de faire assez d'estat de mes petits Ouurages, pour vous donner la peine de les tourner en vôtre langue. Vous m'obligerez de leur en tesmoigner mes remerciemens, & en mesme-temps mes tres-humbles respects; & ie n'aurois pas differé si long-temps à le faire, n'étoit que i'attendois la réponse de Monsieur Hook que vous m'auiez fait esperer il y a quelque temps.

Ie n'auois pas moins d'impatience de la voir, que i'en auois eu l'autre fois de voir sa Machine; car ie ne doutois nullement que sa réponse ne fust vne histoire du succez de sa Machine, & le recit de quelque excellent Verre d'vne grandeur considerable qu'il auroit faite par son moyen, croyant que c'estoit là le veritable & l'vnique moyen de répondre aux doutes que i'auois faits; mais ie n'ay pas été moins surpris que i'auois été la premiere fois, quand i'ay vû que dans sa Réponse il ne paroissoit pas qu'il eust reduit dauantage sa Machine en Pratique, & qu'il se contentoit de dire qu'il étoit facile de remedier à tous les inconueniens que i'auois proposez. Ie ne sçay pas s'il croit pour cela que plusieurs autres qui doutent, aussi bien que moy, du succez de sa Machine, en doiuent estre plus persuadez. Pour moy, quand on doute de la Pratique d'vne Machine, il me semble que ce n'est pas assez de tâcher de répondre aux raisons qu'on a d'en douter, & puisque la question n'est que du succés, il ne reste proprement que cette voye, pour fermer la bouche à ceux qui y trouuent à redire, que de la leur faire voir reduite en Prati-

que, & toute autre réponse est en hazard d'être inutile ;
puisque s'il arriue, par exemple, nonobstant toutes les specu-
lations de M. Hook, que sa Machine ne reüssisse pas comme
il pense ; ce sera vne Réponse perduë, aussi bien que l'espe-
rance qu'il entretient dans beaucoup de personnes, par les
assurances qu'il donne qu'elle reüssira.

Il m'excusera donc, s'il luy plaist, si ie doute encore de la
bonté de sa Machine, nonobstant sa Réponse, & si i'attens
qu'il l'ait fait reüssir pour me retracter de ce que i'ay dit dans
mes Remarques. Ie n'insisteray point dauantage sur les difficultez que i'ay faites, dont ie sçauois bien qu'il y en auoit
quelques-vnes où l'on pouuoit remedier en particulier ; mais
ie les acumulois toutes, pour faire craindre que si on en le-
uoit quelqu'vne, on ne pût pas satisfaire à toutes ensemble ;
mais ie me sens obligé pour l'interest de la Verité, & pour expliquer quelques endroits que M. Hook n'a pas pris selon
mon sens, de faire quelques Remarques sur sa Réponse, en
suiuant à peu prés son ordre, ce que ie tascheray de faire le
plus briéuement que ie pourray.

Ie m'étonne que Monsieur Hook ait voulu exiger de moy
que ie refutasse sa Machine, par des épreuues, & non par des
Analogies que ie prenois du peu de connoissance que i'auois
du trauail des Lunetes. Ie ne voy pas pourquoy il voudroit
que i'eusse perdu mon temps, & fait de la dépense apres
vne Machine, du succez de laquelle ie doutois, pour prouuer
à son Inuenteur, qu'elle n'est pas bonne ; car quand i'en aurois fait vne, & que i'aurois dit à M. Hook qu'elle n'auroit
pas reüssi ; eust il voulu s'en tenir à cela ? & n'auroit-il pas
plutost pensé que ie n'aurois pas bien executé sa pensée, que
de condamner vne Machine qu'il croit si aisée, & si exacte ?

Ie ne croyois pas auoir donné sujet par mes paroles, de
croire que ie voulusse attribuer aucune faute à vostre Societé, comme Monsieur Hook m'en accuse. Il est vray que les
paroles que i'ay citées, & que vous m'auiez écrites, quand
i'enuoyay ma premiere Ephemeride, auoient esté cause que
ie m'étois persuadé qu'en matiere de Sciences, ny en matiere de Machines, elle ne laisseroit rien communiquer au Pu-
blic, que l'vn ne fust fondé sur des Obseruations, & l'autre

fur la Pratique ; car ne prenant pas ces paroles pour mon
Ephemeride ; puifque ie ne pouuois me hâter trop en ce rencontre , & que ie n'y affurois rien , i'auois crû que c'étoit
pour me faire fçauoir leur deffein , tant en particulier , fur
ce qui regardoit la nature & le mouuement des Cometes ,
qu'en general fur ce qui regardoit les Sciences & les Arts. Si
j'auois lû l'Epiftre qu'il a adreffée à voftre Societé ; i'aurois
pû mieux deuiner quel étoit fon deffein , quand elle don-
noit la permiffion d'imprimer des Liures. Mais peut-eftre
que M. Hook excufera bien mon peu d'intelligence dans
vôtre langue ; & quand il fçaura que ie n'aueis eu fon Liure
que deux iours en mon pouuoir , & que ie m'étois arété à
comprendre ce qui regardoit fa Machine & fes autres bel-
les inuentions , & à parcourir les figures de fon Liure , & à
tâcher d'entendre quelque chofe dans ce qui m'y fembloit
de nouueau ; il n'aura pas de peine à croire que ie n'auois pas
lû toutes les parties de fon Liure. Tellement que fi quel-
*ques-vns ont crû que i'euffe voulu taxer vôtre illuftre Socie-
té ; vous m'obligerez de leur témoigner que cela a efté fort
éloigné de mon deffein , & que i'ay feulement voulu mar-
quer que M. Hook ne deuoit pas , ce me femble , publier
fous leur aveu vne Machine de cette importance , fans l'auoir
éprouuée : car encore s'il en auoit auerty le Lecteur , & qu'il
eût dit ce qu'il me répond , qu'il auoit fait quelques épreuues qui luy en promettoient le fuccez ; mais qu'il n'auoit pas
eu le loifir de les pouffer plus loin , ie n'aurois rien trouué à
redire à fon procedé , quoy que peut-eftre ie luy aurois propofé les mefmes doutes que ie fay , afin qu'il y remediaft , s'il
n'y auoit pas fongé.

Ie me réjouys d'apprendre que l'on faffe prefentement de
fi beau Verre en Angleterre , puis qu'en quelque lieu qu'on
perfectionne cette matiere , il ne fera peut-eftre pas impoffible d'en auoir. Nous auons auffi fujet d'efperer que dans la
fuite , nous ne deurons pas vous enuier ce bonheur , puifque
nous auons depuis peu vne Verrerie à Paris , où il fe fait du
plus beau Verre qui fe foit encore vû , qui felon toutes les
apparences , fera merueilleux pour les Lunetes , l'Ouurier
trauaillant les Glaces fans veines , & auec peu de points.

Il y en a encore vne autre établie depuis quelque-temps à
Lyon, où l'on fait de fort beau Verre; mais ie n'ay pas encore le loifir d'éprouuer fi ces Verres fi clairs, fi blancs, & fi
nets de points, reüffiffent mieux que ceux de Venife.

I'auouë que i'ay propofé dans mes Remarques des diffi-
cultés, qui fe rencontrent generalement dans le trauail des
grandes Lunetes, & qui ne font pas en particulier contre la
Machine de M. Hook. I'auouë auffi qu'il y a des Lunetes qui
font affez bien, quoy que le centre ne foit pas au milieu de
l'Ouuerture, mais elles font encore mieux, quand il s'y rencontre, & qu'elles ont la mefme ouuerture. Ie fçay mefme
que quand le Verre a efté ainfi trauaillé d'inegale épaiffeur,
& qu'il fe trouue bon & affez grand, il n'y a qu'à le couper,
comme ie fay, apres auoir pris fon milieu au Soleil. I'ay vne
Lunete de Galilée de 6. piés & demy, dont le plus épais du
Verre eft notablement éloigné du milieu de fon ouuerture:
& cependant elle fait affez bien; mais elle fait encore mieux,
quand le centre eft au milieu de l'ouuerture, & M. Hook ne
deuoit pas croire que i'ignoraffe cela, puifque ie doy fçauoir
que chaque partie de l'Objectif doit faire le mefme effet que
le total, & que quand on couuriroit la moitié d'vn Verre,
ou tout fon milieu, l'autre moitié ou fes bords, deuroient
encore faire l'effet de la Lunete, quoy qu'auec moins de
clarté à proportion de ce qui feroit caché, pourueu qu'on ne
découure pas des bords, qui felon la longueur de la Lunete,
foient trop éloignez du milieu, comme il arriue, quand l'on
veut donner grande ouuerture à ces fortes de Verres. Auffi ie
puis l'affeurer que ma Lunete de 21. piés, celle de 35. de 45.
de prés de 60. & de 70. piés, qui font affez paffables, ont été
trauaillées également épaiffes, & qu'vne que i'ay de 90. piés
eft de mefme. Et ie ne voy pas quel fujet il a eu de douter fi
i'auois iamais vû de longs Verres qui n'euffent pas le mefme
defaut que le fien, quoy qu'il foit facile s'il eft affez grand de
mettre l'ouuerture au milieu.

Ie ne fçay point d'autre Methode pour voir fi les Verres
font d'égale épaiffeur, quand ce font des Verres plats polis
des deux côtez, comme les morceaux de Venife, que par le
moyen d'vne chãdelle, ou du Soleil, & pour les y mettre en les
trauaillant

trauaillant ie n'en ſçay point d'autre, que par le moyen d'vn
petit compas recourbé auec vne vis ſimple, ou vne vis ſans
fin, y adjoûtant, ſi l'on veut, vn Cercle diuiſé, &c. ſi ce n'eſt
qu'on les vouluſt trauailler ſur le Tour, contre vne Blouſe
bien tournée; & quand ils ſont trauaillez, ie n'en ſçay point de
meilleur pour les reduire à vne égale épaiſſeur qu'en prenant
leur milieu au Soleil. Si M. Hook en ſçait quelqu'autre, ie
ſeray rauy de l'aprendre: Et s'il ne ſçait pas ceux que ie luy
marque, ie les luy expliqueray.

Ie ſuis touſiours en doute iuſqu'à ce que i'aye vû reüſſir le
côtraire, ſi vn Tour ſera plus iuſte que la main. Ie ſçay bien que
la main a beſoin d'vne Machine pour ſe conduire; mais quand
elle en a vne, comme eſt vne Forme bien faite, ie ne ſçay ſi elle
ne fait point mieux que quand il faut encore vne autre Machine; mais la Pratique en doit decider: c'eſt pourquoy ie n'en diray rien dauantage, de peur de perdre mes paroles, ſi le Tour
de M. Hook reüſſit: & s'il arriue que la plus grande partie des
Verres que l'on trauaillera par ſon moyen reüſſiſſe, on ne
pourra plus gueres rien ſouhaiter en matiere de Lunetes; car
quoy qu'vn Ouurier qui trauaille dans de bonnes Formes,
quand il n'y a point de defauts au Verre, faſſe plus de bons
Verres que de mauuais, il eſt fort rare qu'il en faſſe d'excel-
lens, & ie m'imagine que c'eſt de ceux là que M. Riues en-
tend parler, quand il dit que de dix on n'en fait pas vn bon.

Ie ne croyois pas que ce fuſt M. Riues qui euſt fait le premier
de bons Verres de 60. piés. Si M. Hook auoit pû lire ma Lettre,
il auroit vû qu'il y a plus de 3. ans que i'en ay d'aſſez bons de
60 & de 70. piés & de paſſables de 90. cependant il me ſemble
qu'il n'y a gueres qu'vn An, que i'ay ouy dire que M. Riues en
ait fait de 60. piés, n'ayant auparauant entendu parler que de
ſes Lunetes de 35. piés; d'où vient que dans ma Lettre au
Roy, ie croyois auoir eu raiſon de dire, que les plus grandes
Lunetes auoient été faites premierement dans ſon Royaume;
parce que ie croyois être le premier qui en euſt fait de ces
grandeurs extraordinaires. Mais s'il en a fait plûtoſt, ou auſſi-
toſt que moy, ie ne luy enuie point cette ſatisfaction.

l'auoüe qu'il eſt fort aiſé de gâter les grandes Formes,
particulierement ſi l'on n'en a pas deux, vne pour vſer, & la

C

bonne pour acheuer : mais iufqu'à ce que le Tour foit éprouué, il faut bien s'en tenir là.

Ie ne comprens pas comment M. Hook pretend faire, afin
que toute la furface concaue de fon Outil touche le Verre en
toutes fes parties, ny quand il dit autrepart, qu'il eft auffi aifé
de conferuer du doucin fur vn Outil concaue, que fur vn
Verre conuexe ; car il me femble que cela ne conuient pas
trop bien à vn Anneau, comme fa defcription & mefme la
demonftration qui n'eft fondée que fur vn Cercle le fait
imaginer. Ie ne voy pas mefme, quand il entendroit tout cela
d'vn fimple Anneau, que s'il y a des inegalités, ou du tranchant, il s'vfe affez en trauaillant vn feul Verre, pour porter
dans vn efpace confiderable, à moins qu'il ne faffe fon Anneau d'vne matiere fort facile à eftre vfée.

Ie voyois bien que la peine n'étant pas principalement de
faire des Lunetes d'vne longueur determinée ; mais de les
faire bonnes, on pouuoit répondre à mon objection, comme a fait M. Hook ; mais ie voulois montrer qu'il étoit difficile de donner fi peu d'Inclinaifon que demandoient les Lunetes de 1000. & de 10000. piés, & de conferuer la Machine
auffi long temps qu'il falloit, fans qu'elle fe dementift de
quelque minute.

Ie ne comprens pas l'Inuention nouuelle de M. Hook,
pour faire auec vn Verre de 20. ou de 40. piés de Diametre vn
Telefcope de 300. & de 400. voire de 1000. piés. Si ce n'eft
pas par le moyen d'vn autre Verre concaue, ou qu'il ne faffe
pas le côté plat du Verre concaue, pour en faire ce que
Kepler appelle vn Menifque. I'auoüe que cette Inuention
me paffe ; mais fi c'eft par quelqu'vn de ces deux moyens, la
Theorie n'en eft pas nouuelle ; car on peut voir le cas du Menifque dans Kepler, les Exercitations de Caualieri, & la
Dioptrique du Comte de Manzini ; mais fi l'on s'en tient à
la pure Theorie, cela fe peut auffi bien faire auec vn Verre
de 3. ou de 4. piés, qu'auec vn de 40. ou de 80. Et pour l'autre cas, il y a long-temps que i'en ay trouué la Regle generale dans ma Dioptrique, dont ie donne l'vfage dans mon Traité des grandes Lunetes, à l'occafion d'vne pratique affez
commode que i'y explique, qui eft pour regarder vn Objet

ſtable ; par exemple vn Horloge , à trauers de 3. ou de 4.
murailles ſans Tuyau, comme ie fay chez moy l'Horloge de
Saint Paul, à trauers de trois ; car ſi l'on n'a pas d'Objectif
dont le fouïer ſimple ſoit iuſtement de la diſtance donnée, &
qu'on veüille ſe ſeruir de quelque autre Objectif que l'on a,
plus long ou plus court. Ie donne la Regle pour. *Eſtant donnée*
la diſtance , le fouyer ſimple d'vn Objectif , & la poſition d'vn
autre Verre , trouuer quelle Figure doit auoir ce Verre ; afin que
le fouyer compoſé des deux , ſe rencontre à la diſtance donnée.
Mais d'vn autre côté , s'il en veut faire vn Meniſque,
ie ne voy pas pourquoy il demande qu'il ſoit parfaitement
trauaillé du côté plat, puis qu'il le doit gâter , & s'il ſe
ſert d'vn autre Verre concaue ; ie ne voy pas pourquoy vn
Verre conuexe des deux côtez ne ſera pas auſſi bon qu'vn
conuexe plat : mais dans l'vn & l'autre cas, ie tiens vn concaue, grand comme il faut , auſſi difficile à faire que la Lunete dont il eſt queſtion ; & ſi nous n'auons point d'autres Lunetes de mil piés, que celles qui ſeront faites de cette façon,
ie croy que nous deuons encore nous contenter de nos grandeurs ordinaires : & il eſt à craindre que M. Hook n'ait
encore en ce rencontre trop donné à la ſimple Theorie, ſans
auoir auparauant conſulté la Pratique. Si c'eſt par vne autre
inuention que ces deux que i'ay rapportées , tous les Curieux
luy ſeront bien obligez, s'il la publie, quoy qu'à cauſe du peu
d'Ouuerture que pourra porter vn Verre d'vn ſi petit Diametre à proportion de la longueur ; ie croye que cette Inuention, quelle qu'elle ſoit , ne ſera pas fort vtile.

Ie n'ay parlé du gliſſement du Verre qu'en paſſant ; il ſera
pourtant auerty par là , s'il trauaille des pieces de Verre pe-
ſantes, de donner ordre que le ciment ſoit beaucoup plus
dur que celuy dont on ſe ſert d'ordinaire, particulierement
en Eté, & qu'on ſe garde bien de l'échaufer le moins qu'on
pourra , en le trauaillant ou en le poliſſant.

Ie n'ajoûte rien pour la preſſion inegale. M. Hook verra
ſi cela ne contribuera pas à faire branler ſa Machine.

Ie ne ſçay pourquoy , dans les termes qu'il a raportez de
moy touchant les Lunetes de 300. & de 400. piés, il n'a pas
raporté le doute que ie faiſois, en diſant, *que ie croyois, &c.*

car il les rapporte comme fi i'auois affirmé abfolument la
chofe, ce que ie n'auois garde de faire; parce qu'en matiere
de Pratique, ie n'affure iamais rien, quoy que ie douté facilement de tout, quand ie n'en ay pas vû le fuccez.

Apres ce que M. Hook a dit dans fa Preface, que l'on
„ pourra peut-eftre découurir des creatures viuantes dans la
„ Lune, ou dans les autres Planetes, les Figures des particules
„ qui compofent la matiere & les particuliers Schematifmes &
„ Tiffures des corps. Et ce que M. Defcartes a dit quelque part
„ des corps auffi particuliers, & peut-eftre auffi diuers que ceux
„ qu'on voit fur la Terre, ce que M. Hook cite dans fa pre-
„ miere Obferuàtion, pag. 3. Ie ne croyois pas trop dire, que
de dire qu'ils nous le faifoient efperer : du moins M. Hook
continuë luy-mefme dans fa Réponfe à n'en defefperer pas,
quoy qu'il ait mêlé les autres Planetes auec la Lune, dont
il faut pourtant faire beaucoup de difference; car quand nous
pourrions découurir quelque chofe dans la Lune, qui eft fi
proche de nous, deuroit on étendre cela aux autres Planetes, dont Venus qui eft la plus proche en fuite, eft peut eftre
50. fois plus éloignée? Mais quand elle ne le feroit que 10.
fois. Auffi les plus grandes Lunetes n'ont pû iufqu'à prefent
y découurir les inegalitez d'aucune montagne, comme les
Lunetes de 4. ou 5. pouces nous en font voir dans la Lune.
Ie n'auois pas mefme fceu iufqu'à prefent qu'elles y euffent
fait découurir des Taches femblables à celles que nous voyons
fort diftinctement auec nos yeux dans la Lune; mais i'ay appris depuis deux iours qu'on auoit mandé de Pologne que
M. Buratini difoit y en auoir obferué fàns auoir fpecifié la
longueur de la Lunete. Il y a long-temps que ie fouhai-
tois de me pouuoir feruir des miennes pour voir fi i'y en
découurirois; mais ie n'ay pû iufqu'à prefent en trouuer la
commodité.

Pour ce qui eft de l'Analogie, dont ie me fuis feruy pour
prouuer qu'on ne doit pas voir des Animaux ou des Plantes
dans la Lune, étant fuppofée diftante comme de 60. lieuës;
par ce que nous voyons de ces fortes de chofes fur Terre de
10. ou 12. lieuës. M. Hook deuoit remarquer que ie ne faifois
pas vne comparaifon d'egalité; car ie fçauois bien que l'Air

groſſier qui eſt vers l'Horiſon, fait vne notable difference
d'auec celuy qui eſt ſur nôtre téte. I'ay autrefois ſupputé,
ſelon les diuerſes hypotheſes de la hauteur de l'Air groſſier,
combien il y auoit plus d'Air à percer, quand l'Aſtre étoit
Horiſontal, que quand il étoit au Zenith, ou en d'autres
Eleuations ſur l'Horiſon : & s'il m'en ſouuient, en poſant
l'Air d'vne lieuë de haut, il y en a enuiron 47. fois autant à
l'Horiſon qu'au Zenith, en le poſant de deux lieuës, il y en
a enuiron 34. fois autant, en le poſant de 10. lieuës enuiron
15. fois autant, & tant plus on le ſuppoſe haut, tant plus la
proportion diminuë. D'vn autre côté ayant regardé la Lune vn peu apres eſtre leuée ; ie n'ay pas vû en certaines rencontres vne ſi grande difference que celle des raiſons que ie
viens d'aporter, & meſme i'ay vû quelquefois auec ſurpri-
ſe, quand le temps étoit fort net, les Taches de la Lune plus
diſtinctes que ie n'ay iamais fait, quand la Lune a été fort
éleuée ; parce que les eſtimant plus grandes, quoy que ie
ſçache par experience qu'elles ne ſont pas agrandies (de
quelque cauſe que vienne cét effet, dont il n'eſt pas icy
le lieu de parler) cela faiſoit que i'en diſtinguois mieux les
contours & les particularitez ; & ce ſont ces experiences qui
qui m'ont fait faire la comparaiſon entre dix ou douze lieuës
de diſtance ſur Terre, & 60. lieuës que ie ſuppoſois que nous
ſerions comme diſtans de la Lune ; car peut-eſtre que les
vapeurs Horizontales n'apportent pas en pluſieurs rencontres cinq ou ſix fois plus d'obſtacle. Et puis ces grandes Lunetes dont ie parle, deuant à cauſe de leur peu d'Ouuerture
à proportion de celle de nôtre œil nud, aporter peut-eſtre
plus de 50. ou 60. fois moins de lumiere : ie croyois que cela
recompenſoit bien ce que les vapeurs pouuoient apporter de
difference ; car ie ne voulois pas tout dire dans mes Remarques, & ie reſeruois le principal pour mon Traité, où ie parle des plus petits Objets que nous pouuons eſperer de voir
dans la Lune, par Analogie à ce que nous pouuons voir ſur
Terre ; mais en attendant, puis que nous n'auons point d'A-
nimaux terreſtres qui ayent plus de 3. toiſes de Diametre,
ie prie M. Hook qu'il prenne la peine d'éprouuer s'il diſtin-
guera vn Animal grand d'vn pié, de 60000. piés de loin, ou de

10000. toifes, & qu'il iuge apres cela s'il doit efperer de voir des creatures viuantes feulement dans la Lune, à moins qu'elles ne foient fans comparaifon plus grandes que les nôtres, & afin d'ôter mefme la trop grande quantité d'Air, qu'il éprouue s'il verra vn pouce de 5000. piés ou de 800. toifes, ou vne ligne, par exemple vn Moucheron, de 416. piés ou de prés de 70. toifes : enfin pour le dire en vn mot s'il verra diftinctement fur Terre fous vn Angle de 35. ou 36. Secondes.

Si ie n'étois déja trop long, ie pourrois expliquer fur quoy eft fondée ma Theorie des Ouuertures des Lunetes, mais ie fuis furpris que M. Hook m'objecte que i'ay manqué en la donnant, contre la Maxime que ie croyois raifonnable, qui eft qu'à moins que l'on n'aye pas eu le temps ny la commodité d'éprouuer vne Machine, ie ne trouuois point à propos qu'on la propofaft comme bonne, qu'on ne l'euft éprouuée, ou au moins qu'il en falloit auertir, pour empécher les Ouuriers de perdre du temps, & de faire de la dépenfe, & pour les empécher auffi de fe mocquer des Theoriciens, quand ils verroient que leurs Machines ne reüffiroient pas ; car en donnant ma Theorie, ie ne prefcris aucune Machine à faire : ie ne fay point perdre de temps, ny faire de la dépenfe à perfonne ; mais s'il arriue que les Ouuriers n'arriuent pas à vne fi grande perfection, ils ne laifferont pas de fe feruir de leurs Verres auec l'Ouuerture qu'ils pourront porter, mais il deuront toûjours tâcher d'en faire de meilleurs, en quoy ie ne voy rien qui les incommode, & la difference eft fi grande de la Theorie, qui prefcrit la perfection d'vne Regle auec vne Machine que l'on publie, que ie ne fçay pas comment M. Hook m'a voulu objecter cela.

Il deuoit auffi prendre garde que cette table eft faite pour determiner l'Ouuerture des Lunetes, quand elles la peuuent porter la plus grande, & dans vne lumiere mediocre ; & que quand la lumiere eft trop forte, on peut en donner moins, comme la plufpart font, mais qu'y ayant d'autres moyens de remedier à vne trop grande lumiere : par exemple en fe feruant d'vn Verre coloré, ou d'vn Verre enfumé, comme fait M. Hugens ; Il ne deuoit pas objecter contre ma Table cette Methode qui n'eft peut-eftre pas la meilleure. Ie pourrois remarquer que bien qu'il mette Mars entre les Objet qu'il croit que l'on pourroit regarder auec vne grande Ouuerture; i"ay prefque toûjours trouué le contraire, & quand ie n'ay pas voulu me feruir de Verre coloré, ilm'a fallu diminuer lO'u-uerture prefque autant pour luy , que pour Venus & pour Mercure pour le voir bien terminé & fans couleurs ; & ie ne fçay pas fi cela ne vient point de fa petiteffe.

Ie n'aurois plus rien à ajoûter, fi M. Hook auoit lû mes Remarques, où ie raporte que ie donne à ma Lunete de 35. piés, 3. de nos pouces d'Ouuerture, & quelquefois dauanta-ge : cependant il dit qu'il ne trouue pas que i'aye vû des Lu-netes de 36. piés, qui portent plus de 2. pouces trois quarts, ny de 60. piés qui portent plus de 3. pouces d'Ouuerture; mais ie le puis affurer que ma Lunete de 45. piés , porte fort bien 3. pouces & demy , & celle de prés de 60. piés 4. pouces, ou au moins 3. pouces trois quarts, &c. Ainfi fi mes Lunetes n'approchent pas des Ouuertures des excel-lentes , ny des bonnes , elles portent tres-bien celles des ordinaires, & ma Theorie ne s'éloigne pas de la Pratique.

Voila, Monfieur , ce que i'ay jugé à propos de vous écrire fur la Réponfe de M. Hook, auquel vous m'obligerez de faire mes tres-humbles baife-mains, & de luy expliquer ce que vous iugerez à propos.

I'aurois fort fouhaité qu'il nous euft fait fçauoir le parti-culier de fon Obferuation de Iupiter du mois de May 1664. que i'ay inferée dans mes Remarques, & qu'il m'euft mandé fi i'ay bien deuiné: s'il a la bonté de le faire, ie luy en auray l'obligation. I'efpere dans la fuite, auec l'aide d'vn Dictio-naire, pouuoir comprendre quelque chofe dans voftre lan-gue: C'eft pourquoy fi vous voulez m'enuoyer fon Obferua. en Anglois, ie tâcheray de la dechiffrer.

I'ay remarqué que dans la page 60. de vos Tranfactions, ligne 10. vous auez laiffé vne faute que i'auois mife dans l'Er-rata, ou au lieu de la huitiéme partie d'vne ligne , il y auoit la cent-huitiéme ; car il faut effacer cent, comme il eft dans l'Errata , à la fin. Cependant vous auez mis *Hundred part of a line.* Ie ne fçay comment ce *Cent,* s'y étoit gliffé; car il faut remarquer que felon que l'on fait les Verres plus grands que ce qu'ils peuuent porter d'Ouuerture (comme on les fait toûjours.) ils ont vn peu plus de conuexité que n'a leur Ouuerture, & que selon ma Table, les excellentes ont toûjours dans leur Ouuerture la neuuiéme partie d'vne ligne de conuexité, les bonnes enuiron la douziéme partie, & les ordinaires la seiziéme partie d'vne ligne, soit qu'elles soient petites ou grandes, ayant toûjours vne égale conuexité (ce qui est bien remarquable & à quoy ie croy que personne n'a encore pensé) comme il s'enfuit de ce que les Ouuertures sont en raison sous-double des longueurs. Mais parce que ie ne voulois pas tout particulariser dans mes Rémarques, & que ie remettois cela à l'endroit où ie donne la demonstration de cette raison sous-double, ie m'étois contenté de dire que les grands Verres, en toute la grandeur qu'on les trauaille (qui est d'ordinaire dans les grands, deux ou trois pouces plus que l'Ouuerture qu'ils peuuent porter)n'auoient qu'enuiron la huitiéme partie d'vne ligne de conuexité. Ie suis, &c.

A Paris le 4. Iuillet 1665.

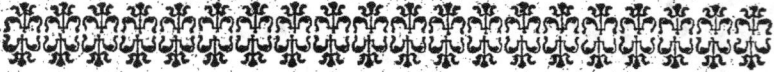

LETTRE DE MONSIEVR OLDEMBOVRG,

Secretaire de la Societé Royale d'Angleterre, contenant la seconde Réponse de Monsieur Hook, à M. Auzout, &c.

MONSIEVR,

Sçachant que les personnes d'esprit s'employent fort à presenticy, à cultiuer l'Astronomie, l'Optique & la Dioptrique. I'ay crû que ie leur ferois plaisir, si ie publiois en Anglois tout ce qui se fait ailleurs de considerable sur ces matieres, & iugeant que vos Ecrits y pouuoient contribuer ; ie me suis persuadé que vous ne trouueriez pas mauuais si ie les publiois dans la langue qui est vniuerselle par toute l'Angleterre,

où

où vôtre fçauoir eſt eſtimé, comme il le merite.

M. Hook vous baiſe les mains, & témoigne qu'il vous eſt tres-particulierement obligé de la maniere d'agir auec luy, dont vous vſez dans ma Lettre que vous m'auez adreſ-fée. Certes, Monſieur, c'eſt le vray moyen d'entretenir le commerce entre les honneſtes gens, & les grands eſprits, que de s'entrerepreſenter ciuilement & franchement les vns aux autres, les penſées & les inuentions que l'on a, ſans s'of-fenſer ou ſe piquer ; afin d'exciter mutuellement les Genies de s'entr'inſtruire les vns les autres, & d'auancer les Scien-ces par ce moyen. S'il vous plaiſt de continuer d'agir ainſi auec l'Auteur de la Micrographie, qui aſſurement eſt fort ſçauant dans les Mathematiques & dans les Mechaniques ; ie vous puis aſſurer que vous le trouuerez franc & genereux, pour reconnoître vos ciuilitez, & capable de ſe reuancher des découuertes qu'il vous plaira luy communiquer.

I'en ſeray, ſi vous voulez, le Mediateur, puiſque vous ne ſçauez pas aſſez d'Anglois pour luy écrire, ny luy aſſez de François pour vous répondre.

Pour venir à la matiere de vôtre Lettre, M. Hook dit pre-mierement qu'il n'a pû encore ſatisfaire, ny à ſes propres de-ſirs, ny à tous vos doutes, par vne experience parfaite de l'Inuention qu'il a propoſée : & la contagion preſente, diſ-perſant nôtre Societé en diuers quartiers, & M. Hook étant auſſi allé à la campagne, où il n'a point la commodité de rien executer dans ſa Machine, nous ſommes obligez d'auoir encore patience pour quelque-temps.

2. Il ſe réjoüyt fort auec nous autres, d'entendre que l'on fait preſentement de bon Verre en France, auſſi bien qu'en Angleterre, & vous aſſure que ce Verre là qui eſt ſans veines & ſans points, eſt le meilleur pour toutes ſortes de Verres Optiques; mais principalement pour des Oculaires, & pour les Objectifs des Microſcopes.

3. Il dit, qu'il peut trouuer la difference de l'épaiſſeur des Verres par des Compas, quoy qu'il doute ſi cela ſe peut faire par des Compas diuidans (comme nous les appelons icy) à la façon commune; ſe figurant que la difference en eſt ſi petite dans les longues Lunetes, qu'elle ſera difficilement

D

ſenſible à tels Compas. Il ajoûte, qu'il le peut auſſi faire par le moyen d'vne chandelle ou du Soleil, dont vous parlez dans vôtre Lettre.

4. Il affirme poſitiuement, qu'il y a trois ans à cette heure, que M. Riues fit ſa premiere Lunete de 60. piés, conuexe des deux côtez: & que c'eſt la premiere fois qu'il aprend qu'on en auoit fait ailleurs, ou deuant, ou enuiron ce temps-là; adjoûtant pourtant, qu'il ne veut diſputer auec perſonne cette prerogatiue, n'y ayant point du tout d'intereſt.

5. Touchant le moyen de faire, que l'Outil touche le Verre dans toutes ſes parties, il dit qu'il eſt neceſſaire que l'Outil ſoit tourné aſſez approchant de la concauité requiſe; ce que le mouuement de la Machine dirigera, en vſant la ſurface de l'Outil, n'étant pas beſoin non plus que le Verre ſoit ôté pour tourner l'Outil à cette fin là. Et il eſt perſuadé que l'Etain ou le Cuiure pourront le mieux ſeruir à cét Ouurage.

6. Quant à ſon Inuention, pour faire auec vn Verre d'vn petit Diametre, vn Teleſcope fort long, il m'aſſure que les conjectures que vous auez miſes dans vôtre Lettre, n'y touchent point du tout, le moyen étant fort different de tout ce qui en a été iuſqu'icy imaginé. Il n'en fera pourtant pas vn ſi grand ſecret, que de le celer, principalement ſi quelque habile homme, en luy découurant quelque autre ſecret, luy donne occaſion de le luy communiquer.

7. Quant au point de la poſſibilité de voir des Animaux dans la Lune, il aſſure qu'auec vn Verre d'vne longueur qui n'eſt pas extraordinaire, ſelon ſon calcul touchant la diſtance de la Lune, il a vû vne partie de la Lune diſtinctement definie, qui étoit plus petite que quelques maiſons, qu'il connoit icy en Angleterre; & quant aux autres Planetes, principalement Iupiter, il ajoûte, que dans peu de temps peut-eſtre, il fera voir au Monde qu'on y peut voir plus, meſmes auec des Lunetes ordinaires, que l'on n'y à pris garde iuſques icy.

8. Touchant la difference entre l'épaiſſeur Horiſontale & Verticale de l'Air, M. Hook prend la liberté de vous dire, que quoy que dans vn endroit de vôtre Lettre, vous croyiez en certaines rencontres, que la difference de la proportion

n'eſt pas ſi grande comme de 47. à 1. il peut rendre manife-
ſte, que quelquefois elle eſt plus grande que 100. à 1. & que
neantmoins il peut faire voir la hauteur de l'air plus grande,
qu'aucune mentionnée dans voſtre Lettre : où il conſidere
qu'il faut neceſſairement que l'Air de France differe beaucoup d'auec celuy d'Angleterre, ſi vous auez fait ces découuertes, dont vous parlez, deuant que la Lune fût éleuée ſur l'Horiſon de quelques degrez.

9. Pour ce que vous dites, touchant le plus petit Angle viſible, ie ſçay qu'il y a quelque-temps que M. Hook, a
l'occaſion d'expliquer quelques Inſtrumens Mathematiques,
a fait voir qu'il y a fort peu d'yeux qui puiſſent diſtinguer
vn Angle plus petit que d'vne minute; quoy que quelques-
vns par pratique, ſe puiſſent accoûtumer d'en voir vn plus
petit : C'eſt pourquoy il auouë ce que vous dites touchant
vn Angle viſible; & neantmoins il perſiſte de ne croire pas
impoſſible, de voir vne partie de la Lune auſſi petite que
quelques Animaux.

10. Ce que M. Hook a dit touchant Mars le Planete, il
m'aſſure de l'auoir eſſayé plus de 100. fois, auec vne grande
Ouuerture, & y auoir bien reüſſi.

C'eſt, Monſieur, tout ce que i'ay pû tirer de luy dans l'é-
tat où nous ſommes à preſent. Si vous aués quelque choſe
à luy répondre, ou à communiquer à nos Philoſophes, ie
ne laiſſe pas d'auoir correſpondance auec eux toutes les
Semaines, &c.

A Londres, le 23. Iuillet 1665.

LETTRE A MONSIEVR OLDEMBOVRG,
Secretaire de la Societé Royale d'Angleterre,

MONSIEVR,

Mon deſſein dans tout ce que i'écris, étant vniquement
de rechercher la Verité, ſans me preoccuper ny pour mes
penſées, ny contre celles des autres, comme ie croy que doit

faire tout Philosophe. Il me semble que le vray moyen d'y
reüssir est d'exposer le plus clairement que l'on peut ses sen-
timens ; & quand on est obligé de combattre les autres, de le
faire sans aucuns termes offensans. I'ay dequoy me réjouyr
que vôtre Sçauant M. Hook soit de mesme humeur, & qu'il
prenne en bonne part ce que ie luy ay écrit, deuant être persuadé que le seul dessein de sçauoir la Verité, m'a fait écrire
ce que i'ay écrit, & ce que i'écris encore à present, & vous
m'obligerez de l'en assurer, étant prest de me dedire aussi-
tost qu'il aura fait reüssir son Tour, ou qu'il m'aura conuain-
cu de m'être trompé en quelque chose.

Puisque vous souhaités que ie vous die encore mon senti-
ment sur sa seconde Reponse ; ie marqueray trois ou quatre
choses, dont vne plus ample explication ne vous sera peut-
estre pas desagreable, & cependant ie souhaite que M. Hook
puisse être bien-tost en état d'acheuer les épreuues neces-
saires, pour voir s'il pourra faire reüssir son Tour, afin que
l'on sçache enfin, ce que l'on doit esperer d'vne pensée si
ingenieuse.

Ie ne sçay si nous serons dans la suite aussi heureux que ie
m'en étois flatté, touchant la bonté du Verre que l'on fait
tant icy qu'à Lyon pour les Lunetes, & si nous ne serons point
contraints de nous contenter encore de celuy de Venise (à
moins que vous n'ayez la bonté de nous enuoyer quelques
plaques du vôtre) quoy que la quantité des points qui s'y
rencontre à present, quand mesme il seroit sans veines, le
rende peu propre à faire de bons Oculaires, où ces sortes de
points nusient beaucoup, particulierement dans les Micros-
copes & dans les grandes Lunetes, quand on les veut forcer ou charger (comme vous dites) quoy qu'il ne paroisse
pas qu'il nuise tant aux Objectifs ; car en ayant voulu éprouuer, ie n'ay pas eu la satisfaction que i'en esperois, particulierement de celuy de Lyon. Mais il en faut faire encore
d'autres épreuues deuant que d'en desesperer entierement.

Ie voy bien que M. Hook veut, à quelque prix que ce
soit, découurir des Animaux dans la Lune ; mais ie croy qu'il
doit se contenter, s'il peut y découurir quelque Ville ou
quelque Château : car l'on sera assuré apres cela, qu'il y aura

des Animaux, ou ſi les parties obſcures que nous y voyons
ſont des Mers, & qu'on faſſe des ſlottes en ce Planete-là
pour ſe battre, comme l'on fait icy, ce ſeroit vne choſe aſſez
diuertiſſante de voir quelque iour vne ſlote on deux, de cent,
ou ſix vints vaiſſeaux chacune, voguer ſur leurs Mers, comme
les habitans de la Lune en pourroient voir preſentement ſur
les nôtres, ſi l'on pouuoit diſtinguer de ſi loin des Objets
auſſi petits comme ſont nos plus grands vaiſſeaux; car ſelon les calculs que i'ay faits autrefois, en donnant 600.
lieuës au Diametre de la Lune, auec vne Lunete qui groſ-
ſiroit deux cens fois, vn Objet vû ſous l'Angle d'vne minute, ne contiendroit que 300. toiſes, & quelquefois moins;
& par conſequent nos plus grands vaiſſeaux ne ſeroient vûs
que ſous vn Angle de 5. ou au plus de 6. ſecondes. Tellement
qu'vne ſlote de cent ou de ſix vingt vaiſſeaux feroit vn Objet
aſſez conſiderable; pourueu pourtant qu'on en pût diſtinguer les parties. Et ſi l'on mettoit la Lune deux fois plus
prés de la Terre que les Aſtronomes n'ont coûtume de la
mettre, comme il ſemble que M. Hook la ſuppoſe, ne l'éloignant pas plus de 35. Demi-diametres, alors le Diametre de
la Lune ſeroit preſque vne fois plus petit, & ne contiendroit
gueres que 300. lieuës. En ce cas là vn Objet vû ſous vn Angle d'vne minute, ne contiendroit que 150. toiſes & vn vaiſ-
ſeau ſeroit vû ſous vn Angle de 10. ou 12. Secondes; & c'eſt
peut-eſtre ſur ce calcul que M. Hook dit qu'l a vû des Objets qui ne deuoient pas être ſi grands que quelques maiſons
qui ſont en Angleterre; car par exemple icy le Louure, quand
il ſera acheué auec toutes ſes Galeries, aura bien 160. ou 180.
toiſes de Diametre; mais ie ne ſçay ſi la ſuppoſition d'vne
diſtance ſi proche s'accommodera auec les Obſeruations.
Outre qu'il faudroit pour cela qu'il ſe fuſt ſeruy de Lunetes
qui agrandiſſent les Objets deux cens fois; car ſi les ſiennes
qu'il dit n'eſtre pas extraordinaires ne groſſiſſert, par exemple que cent fois, il faudroit doubler la grandeur de l'Objet,
& ainſi au lieu de 150. toiſes, il faudroit qu'il en euſt 300. &
ainſi à proportion.

Mais quand cela ſeroit, il y auroit encore bien loin d'vn Objet
de 150. toiſes à vn de 3. & meſme quand nous voyons ſur Ter-

re fous vn Angle de 1. minute , nous ne diftinguons aucune
partie dans l'Objet, & felon les diftances où nous auons pû
lire de l'Ecriture ; c'eft à dire quand nous auons commencé
de diftinguer les Objets, ie trouue qu'il faut pour le moins
vn Angle de 4. minutes. Quand nous aurons des Lunetes qui
groffiront mille fois, il faudra faire d'autres calculs. Nous ver-
rons cependant auec plaifir ce que M. Hook dit auoir remarqué de particulier dans Iupiter auec des Lunetes ordinaires.

I'ay quelquesfois penfé aux changemens, qu'il y a apparen-
ce que les habitans de la Lune découuriroient dans nôtre Terre, afin de voir fi i'en remarquerois quelques-vns femblables dans la Lune. Par exemple , il femble que la Terre
changeroit de face dans les diuerfes faifons de l'Année ,
comme l'Hyuer, qu'il n'y a prefque rien de verd dans plus
de la moitié de la Terre ; qu'il y a des Païs qui font tout couuerts de neiges , d'autres tout couuerts d'eaux , quelques-
vns tout couuerts de nuées : pendant plufieurs femaines, qui
ne le font pas dans vn autre faifon : le Printemps, que toutes les forefts & les campagnes font vertes , & l'Eté que de
grandes campagnes font jaunes , &c. Il femble que ces changemens font affez confiderables dans la force de la reflexion
de la lumiere, pour être remarquez, puifque nous voyons
tant de differences de lumieres dans la Lune.

Nous auons des Fleuues affez confiderables pour être vûs,
& ils entrent affez auant dans les terres, auec vne largeur
capable d'être remarquée. Il y a des flux en certains endroits
qui s'étendent dans vn affez grand païs, pour y faire paroi-
ftre du changement ; & il flotte quelquefois fur nos Mers
des glaçons bien plus grands que les Objets que nous fom-
mes affurez de pouuoir voir dans la Lune.

Nous deffrichons des forefts , & nous deffechons des ma-
räis d'affez grande étenduë pour faire vn changement confiderable , & les hommes ont fait des Ouurages qui faifoient
des changemens affez grands pour être aperceus.

Il y a auffi en plufieurs endroits des Volcans , qui femblent
être affez grands pour pouuoir être diftinguez , particulierement dans l'Ombre , & quand le feu prend à des forefts de
grande étenduë, ou à des Villes, on ne peut gueres douter

que ces Objets lumineux ne paruſſent ou dans vne Eclipſe de Terre, ou quand ces parties de la Terre ne ſont point illuminées du Soleil. Cependant ie ne ſçache encore perſonne qui ait remarqué des choſes ſemblables dans la Lune, & l'on peut aſſez raiſonnablement aſſurer qu'il n'y a aucun Volcan, ou qu'il ne brûle pas en ces temps-cy.

C'eſt à quoy il faut que tous les Curieux qui ont de bonnes Lunetes prenent fort garde; & ie ne doute point que ſi l'on auoit vne Carte tres-particuliere de la Lune, comme i'auois fait deſſein d'en faire vne auec la Topographie (pour ainſi dire) de tous les lieux conſiderables, Nous ou noſtre Poſterité n'y remarquât quelques changemens. Et ſi les Cartes de la Lune de MM. Heuelius, Diuini, & Riccioli ſont exactes, i'ay remarqué des endroits aſſez conſiderables, où ils mettent des parties claires, au lieu deſquelles i'en voy d'obſcures. Il eſt vray que s'il y a des Mers, il ne peut gueres arriuer autrement qu'il arriue ſur Terre, où il ſe fait des Alluuions en certains endroits, & où la Mer gagne les Terres en d'autres.

Ie dis toûjours, ſi ce ſont des Mers que les Taches que nous voyons, comme la pluſpart le croient, ayant pluſieurs raiſons qui me font douter que ç'en ſoit, dont ie parleray quelqu'autre part. Et i'ay quelquefois penſé s'il ne ſe pourroit pas faire que toutes les Mers de la Lune, s'il faut qu'il y en ait, fuſſent du côté de l'autre Hemiſphere, & que ce fût pour cette raiſon que la Lune ne tourne pas ſur ſon Axe, comme la Terre, dans laquelle les Terres & les Mers ſont comme balancées. Que delà vint auſſi qu'il ne paroit point qu'il s'y éleue des nuées, ny des vapeurs aſſez conſiderables pour être vûës, comme il s'en éleue ſur la Terre, & que ce defaut de vapeurs eſt peut-être cauſe qu'il n'y a point de Crepuſcule, comme il ſemble qu'il n'y en a point, n'en ayant pû encore diſtinguer aucune marque.

Car il me ſemble qu'on ne peut pas douter, que ceux de la Lune ne viſſent nôtre Crepuſcule, puiſque nous voyons qu'il eſt ſans comparaiſon plus fort, que n'eſt pas la lumiere que la Lune nous enuoye quand elle eſt pleine; car vn peu apres le Soleil couché, quand nous ne receuons plus la lumiere premiere du Soleil, il fait encore fans comparaifon plus clair qu'il ne fait dans la plus belle nuit de la pleine Lune. Cependant puifque nous voyons dans la Lune, quand elle croît, ou qu'elle decroît, la lumiere qu'elle reçoit de la Terre, nous ne pouuons pas douter que les habitans de la Lune ne reuiffent de même dans la Terre, la lumiere dont la Lune l'éclaire, auec peut-eftre la difference qu'il y a entre leur grandeur.

A plus forte raifon donc, ils deuroient voir la lumiere du Ceepufcule, qui eft comme nous auons dit fans comparaifon plus grande.

Cependant nous ne voyons aucune lumiere foible par delà la Section de la lumiere, qui eft par tout prefque également forte, & l'on n'y diftingue abfolument rien, pas même cette partie la plus claire que l'onnomme *Ariftarchus* ou *Porphyrites* comme ie l'ay éprouué plufieurs fois, quoy que l'on y voye la lumiere que la Terre y enuoye, qui eft quelquefois fi forte, que dans le decroiffant: I'ay fouuent vû diftinctement toutes les parties de la Lune qui n'étoient point éclairées du Soleil, auec la difference des parties claires, & des Taches, iufqu'à les pouuoir toutes reconnoître.

Auffi les Ombres de toutes les cauitez de la Lune, femblent être plus fortes qu'elles ne feroient, s'il y auoit vne lumiere feconde; car quoy que de loin, les Ombres de nos Corps enuironnées de lumiere, nous femblent prefque noires, toutefois elles ne le paroiffent pas tant que celles de la Lune, & celles qui font fur le bord de la Section, ne deuroient pas paroitre de mefme.

Si cela eft, il faut qu'il y ait dans ce Globle là quelqu'autre maniere pour humecter leurs Terres, que celle qui eft ordinaire icy; par exemple des Rofées pendant leur longue nuit, &c. Car même la difpofition des cauitez & des montagnes de la Lune, ny celle des parties que l'on prend d'ordinaire pour fes riuages, ne femble nullement propre pour y laiffer couler des fleuues comme les nôtres, ainfi que chacun s'en apperceura facilement. Ie ne veux pourtant rien determiner de toutes ces chofes. Quand i'auray longtemps obferué la Lune auec mes grandes Lunetes, lors que i'en

trouueray

trouueray la commodité, peut-être que i'en aprendray dauantage que ie n'en ſçay preſentement; du moins cela exci-
tera tous les Curieux à tâcher de faire les meſmes Remarques, & peut-être d'autres dont ie ne me ſuis pas auiſé.

En voila peut-être trop ſur cette matiere pour vne Lettre;
mais l'occaſion m'a fait mettre icy vne partie de ce que i'ay
medité autrefois ſur ce ſujet, d'où l'on pourra conclurre que
nous auons bien des changemens plus grands à tâcher d'obſeruer dans la Lune, deuant que de nous mettre en l'eſprit de
vouloir y découurir des Animaux.

Pour ce qui eſt de la hauteur des Vapeurs, dont M. Hook
ſemble parler ſi affirmatiuement; ie ne ſçay ſi nous en ſça-
uons aſſez pour cela, & iuſqu'à ce que d'habiles Obſeruateurs
ayent été ſur les plus hautes montagnes, & y ayent meſme demeuré quelque-temps pour obſeruer tout ce qui regarde l'Air, les Vapeurs, les Refractions des Aſtres, &c. Ie
ne ſçay ſi l'on peut rien aſſurer par ce que nous en connoiſ-
ſons iuſqu'à preſent. Ie ne ſçay pas meſme ſi apres cela nous
en aurons aſſez de connoiſſance. Ie ſçay qu'il a été des per-
ſonnes de la part de la Societé Royale, ſur le Pic de Tenarife;
mais ie n'ay pas appris le détail de la Relation qu'ils en ont
faite, ny s'ils ont fait beaucoup d'Obſeruations & d'Experiences qu'il ſeroit à ſouhaitter que l'on eût faites. Il me
ſouuient qu'en ce temps-là on vous enuoya vn Memoire
que i'auois fait, où il y en auoit pour le moins cinquante,
dont ie m'étois auiſé. Si vous voulez, Monſieur, me faire part de cette Relation, vous m'obligerez extraordinai-
rement.

Ie n'ay mandé à M. Hook, que le cas du côté concaue ou
du Verre concaue pour alonger le fouier d'vn Objectif tant
qu'on voudra; ce n'eſt pas qu'on ne puiſſe faire la meſme
choſe auec vn ſecond Verre conuexe, mis deuant ou apres
l'Objectif donné, puiſque tout ce qui ſe peut faire auec vn
caue, quand il eſt au dedans du fouier, ſe peut auſſi faire auec
vn conuexe, quand il eſt dehors: mais comme cela ne peut
pas être d'vſage, ie me perſuade que ce n'eſt rien de ce
que M. Hook dit qu'il a trouué; car vous me mandez que
ce qu'il a trouué eſt different de tout ce qu'on en a penſé
iuſqu'à preſent. Cependant le cas du conuexe eſt auſſi bien

E

compris dans ma Methode generale, que celuy du concaue, & mesme dans la rencontre que i'ay énoncée dans ma Lettre, si les deux murailles données sont plus éloignées que le foüier de l'Obiectif dont on se veut seruir, on ne peut faire l'effet proposé, que par le moyen d'vn second conuexe que l'on mette dans la seconde muraille, qui allonge le foüier composé à la distance donnée. Il y a seulement cela de commode, que se seruant d'vn Oculaire conuexe, comme on s'en sert d'ordinaire dans les longues distances, l'Obiet est redressé, de mesme que quand on se sert de deux Oculaires & qu'ils sont plus éloignez que la Somme de leurs foüiers, puis que ce n'est qu'vn cas de la proposition generale.

Mais ie ne voy pas que cela puisse être d'vsage, puisque l'on n'alonge les Lunetes que pour pouuoir receuoir plus de rayons de l'Objet, en pouuant donner plus d'Ouuerture à l'Objectif, l'incommodité de la longeur étant si grande, que si l'on pouuoit remedier autrement au defaut de lumiere, il faudroit faire toutes les autres choses imaginables. Or dans les cas que ie viens de poser, on n'en reçoit pas dauantage par l'alongement ; & quoy que l'on puisse disposer les Verres en sorte, qu'ils pourront auec le mesme Oculaire, augmenter l'Objet autant, & mesme dauantage que si l'on se seruoit d'vn seul Verre, dont le foüier fût de la distance donnée ; tout cela ne seruira de rien, si la lumiere y manque ; & l'on trouueroit le mesme acquest sans alonger le premier Objectif donné, si on le forçoit autant de fois que l'alongement feroit agrandir l'Obiet, car l'on auroit autant de lumiere, & mesme plus que dans le second cas ; mais parce que la raison pour laquelle on ne peut pas forcer vn Objectif tant qu'on voudroit, vient de ce qu'en le forçant & en augmentant l'Objet, il deuient si trouble que l'on ne le voit pas si bien, qu'en le voyant plus petit & plus éclairé ; on est obligé necessairement pour pouuoir, en augmentant l'Objet auoir assez de lumiere, faire des Objectifs plus longs, parce qu'ils sont capables de souffrir plus d'Ouuerture que les petits, en la raison que i'ay determinée.

Puis donc que dans toutes les manieres que i'ay proposées ou en ajoûtant vn concaue, ou vn conuexe, & si le conuexe est inegal en mettant le plus fort deuant, ou en le mettant aprés, il ne vient pas plus de lumiere en alongeant la Lunete, & qu'en l'vn des cas il en vient beaucoup moins, l'on peut dire que cette fpeculation, quoy qu'elle foit vraye, n'eſt pas vtile en Pratique, & qu'on ne peut iamais efperer par aucune voye que ie fçache, de meilleur effet d'vn Objeſtif, qu'en ne fe feruant que d'vn feul Oculaire qui foit concaue pour les petites Lunetes, & conuexe pour les grandes : ſi ce n'eſt qu'on veuille redreffer les Objets fur Terre, auquel cas il faut fe feruir du moins de deux Oculaires conuexes, & pour l'ordinaire de trois, quelques-vns mefmes y en ajoûtent quatre, &c. ou que l'on veuille voir vn grand efpace, auquel cas on fe fert de deux conuexes, dont le plus fort eſt au dedans du fouier du plus foible. Mais pour faire auec vn moindre Objeſtif l'effet d'vne grande Lunete, il faudroit auoir trouué le moyen de faire que cét Objeſtif receût tant de rayons qu'on voudroit fans les éloigner fenfiblement les vns des autres, afin qu'en y appliquant vn Oculaire plus fort, il y eût encore affez de Rayons pour voir l'Objet, & pour effa-cer les points & les imperfeſtions de l'Oculaire : & ſi M. Hook a trouué cette Inuention, ie la tiens vne des plus plus grandes que l'on puiffe trouuer en matiere de Lunetes, mais au lieu d'alonger la Lunete, ie confeillerois plutoſt en ce cas là de la forcer, puifque cét alongement, à prefent mefme que i'ay trouué la matiere de fe paffer de Tuyau, ne laiffe pas d'étre affez incommode.

Si M. Hook nous veut faire part de fon Inuention, nous luy en aurons obligation ; & ie voudrois auoir quelque fe-cret en matiere de Lunetes pour l'exciter à la communi-quer, puifque vous me mandez que ç'en eſt le moyen. Si ie croyois qu'il eſtimât que ç'en fût vn, que de mefurer auec vne grande Lunete la diſtance des Objets fur Terre, que i'ay trouué il y a long temps, & que ie propofay ainſi à quelques-vns en forme de Paradoxe. *Locorum diſtantias ex vnica ſtatione abfque vllo Inſtrumento Mathematico metiri.* Ie promets de le luy découurir auec les Tables neceffaires, auffi-tôt qu'il m'au-ra fait part du fien, dont i'vferay comme il me l'ordonnera ; car quoy que la Pratique ne réponde pas entierement à la Theorie de mon Inuention, à caufe que la longueur des Lu-netes, à quelque étenduë, on en aproche pourtant affez prés, & peut-être aussi iuste qu'auec la pluspart des manieres dont on se sert d'ordinaire auec les instrumens.

Pour celle que i'ay proposée, ie ne doute pas que M. Hook ne l'entende aussi-tôt, & ne voye la determination de tous les cas possibles, Ie diray seulement que si l'on n'a egard qu'à la Theorie, on peut se seruir d'vne Lunete ordinaire, dont l'Oculaire soit conuexe, car en éloignant vn peu plus les Verres qu'ils ne sont, proportionnement à la distance pour laquelle on la veut faire seruir, & y ajoûtant vn Oculaire nouueau, on verra l'Objet distinct, quoy qu'obscur, & si l'Oculaire est conuexe, on verra l'Objet redressé. On peut le faire en deux manieres, ou en laissant la Lunete dans sa situation ordinaire, l'Objectif deuant l'Oculaire, ou en la renuersant & mettant l'Oculaire deuant l'Objectif.

Mais si l'on veut se seruir de deux Objectifs, dont on connoisse les fouiers, on en conoitra la distance, si on suppose que le fouier du premier soit B, & celuy du second C, & la distance donnée $B + 2D$, & que D moins C soit egal à F, car cette distance sera egale à $B + C + F - R F^2 - C^2$.

Et si l'on a le fouier du premier Obiectif, egal à B, la distance où l'on veut mettre le second Verre egale à $B + C$, & la distance donnée egale à $B + C + D$, on trouuera le fouier du second Verre egal à $\dfrac{CD}{C + D}$

Et si l'on veut que l'Obiet soit autant agrandy auec ces deux Verres, qu'il seroit auec vn seul, dont le fouier seroit de la distance donnée, ayant le fouier de l'Obiectif donné egal à B, & la distance donnée à $B + D$, la distance entre le premier & le second Verre sera egale à $\dfrac{2B^2 + 2BD}{2B + D}$ d'où ôtant B, le fouier de l'Obiectif donné, il restera $\dfrac{B \cdot D}{2B + D}$ & si on suppose cette somme egale à C, on conoitra aisément par la Regle precedente le fouier du second Verre. Mais ie crains, Monsieur, que ie ne sois trop long, c'est pourquoy ie ne dis rien des autres cas où l'Obiet est agrandi plus ou moins, & ie finis apres vous auoir assuré que ie suis, &c.

A Paris le 12. Aoust 1665.

FIN.